给孩子的礼仪书

het
GROTE
GOEDE
manieren
BOEK

图书在版编目（CIP）数据

给孩子的礼仪书 /（比）娜塔莉·迪波特著；（比）玛丽安·范·德·沃尔绘；金风译. -- 北京：北京联合出版公司，2022.6
ISBN 978-7-5596-6224-8

Ⅰ.①给… Ⅱ.①娜… ②玛… ③金… Ⅲ.①礼仪—少儿读物 Ⅳ.①K891.26-49

中国版本图书馆CIP数据核字（2022）第093049号

Het grote goede manieren boek by Nathalie Depoorter & Marianne van de Walle
First published by Clavis Uitgeverij, 2019
© 2019 Clavis Uitgeverij.

Simplified Chinese edition copyright © 2022 by Beijing United Publishing Co., Ltd.
All rights reserved.
本作品中文简体字版权由北京联合出版有限责任公司所有

给孩子的礼仪书

[比利时]娜塔莉·迪波特（Nathalie Depoorter） 著
[比利时]玛丽安·范·德·沃尔（Marianne van de Walle） 绘
金风 译

出 品 人：赵红仕
出版监制：刘 凯 赵鑫玮
选题策划：联合低音
责任编辑：杭 玫
封面设计：象上设计
内文排版：聯合書莊

关注联合低音

北京联合出版公司出版
（北京市西城区德外大街83号楼9层　100088）
北京联合天畅文化传播公司发行
北京华联印刷有限公司印刷　新华书店经销
字数141千字　880毫米×1230毫米　1/32　3.5印张
2022年6月第1版　2022年6月第1次印刷
ISBN 978-7-5596-6224-8
定价：48.00元

版权所有，侵权必究
未经许可，不得以任何方式复制或抄袭本书部分或全部内容
本书若有质量问题，请与本公司图书销售中心联系调换。电话：（010）64258472-800

het
GROTE GOEDE
manieren
BOEK

给孩子的礼仪书

[比利时]娜塔莉·迪波特 / 著
Nathalie Depoorter

[比利时]玛丽安·范·德·沃尔 / 绘
Marianne van de Walle

金风 / 译

北京联合出版公司
Beijing United Publishing Co.,Ltd.

前　言

你能用一个词来解答下面的问题吗？（你明白如何用简短的话回答别人的提问吗？）

吃饭时为什么要等所有人坐下后你才能开始吃东西？

吃饭时为什么要右手持刀，左手持叉？反过来操作可以吗？

为什么在乘坐公共汽车时你要站起来为老人让座？

亲爱的孩子，

这**一切**都与一个词有关：

礼仪

在这本**《给孩子的礼仪书》**中，

你可以找到上面**所有问题**的答案。

在正式开始之前,我想先来讨论这样一个问题:也许这本书是别人送你的礼物,但我觉得你应当认真地思考一下,送你礼物的人想让你通过这本书学到什么。我想他一定希望你能好好地读完这本书,学习里面的礼仪知识。

当你收到这份礼物后应当对送礼物的人说点儿什么呢？你只有读到第十一章时才会知道答案。当然，如果你愿意的话，也可以提前跳到那个章节学习。

噢，对了。在我们开始学习之前，还有最后一件事情需要提醒你：由于这是一本教人学习礼仪的书，所以必须按照写书的规则编排内容，例如要编写章节目录、标注参考目录，有时还要对一些内容做脚注[*]（就像这一页下面的文字一样）。

---

[*]脚注：听起来像是脚上起的泡，但实际上并没有那么疼痛。当你读这本书的时候，不一定非要看脚注的内容。不过有时读一读也无妨，因为有的内容很有趣（比如这本书的脚注就很不错）。如果你以前没有见过脚注，那么恭喜你，你现在正在阅读的就是一则脚注。

目 录

第一章：礼仪的词源　1

第二章：餐桌礼仪（上）　5

第三章：餐桌礼仪（中）　11

第三章的补充：比比谁更惨（之一）　19

第四章：餐桌礼仪（下）　25

第五章：用两个词表达礼仪　34

第六章：如何打断一段对话　39

第七章：如何开始一段对话　44

第八章：*#🍴!✍&✂*🍸?🗣&✈*🐛💧!!*　50

第九章：如何用好肢体语言　54

第十章：隐私：孩子与大人的差异（理论篇）　63

第十一章：隐私：孩子与大人的差异（实践篇） 68

第十二章：与人分享（高级版） 73

第十三章：公共交通上的礼仪规则 76

第十三章的补充：比比谁更惨（之二） 86

第十四章：不可忽视的礼仪规则 92

第十五章：你需要从这本书中记住的知识 95

第十五章的补充：比比谁更惨（之三） 97

第一章
礼仪的词源*

在荷兰语中,"礼仪"(Etiquette)这个词来源于希腊语词"标签"(etiketten),即用来提醒一些重要信息的小纸片,就像下面这本书封皮上写着"账本"的标签一样。

---

* 词源:指的是一个单词的出处。词源有可能来自其他语言,就如同单词"etymologie",它就是一个希腊语词。这个单词到底是什么意思,出自哪里呢?你很快就会知道答案。(温馨提示:眼见不一定为实,你读到的东西不一定都是真实的。这个道理同样适用于这本书。所以,不要轻易地相信我给你讲的所有关于"etiquette"的词源信息,因为有时候也不一定准确,需要你自己探索。)

或者如同下面这幅图片上的标签,上面写着树莓酱,你就知道里面装的肯定不是草莓酱。这个标签是不是很有用?

礼仪也是这个意思:它会告诉你在不同的场合里应当做什么,不应当做什么,这对你的生活非常有用。

和别人一起吃饭时,如果你早早地吃完了自己的东西,而别人还没有吃完,你就可以对他们说:"我现在已经吃饱了,但还是想陪你们坐一坐,因为我觉得和你们在一起很开心。你们不用着急吃饭,我特别想和你们多聊聊天。"

(不过这并不意味着你在吃饭的时候可以故意消磨时间,或者在等待其他人结束用餐前在桌子上随便玩耍。例如:用茴香泥在盘子上堆小塔,或者将沾着肉酱的豌豆丢向你的邻座。按照礼仪规则，和别人一起吃饭时，行为不能太随意。不过这些是我们在第二章要学习的内容。目前，你还不必过分担心这些问题。)

噗 噗 噗

总而言之，礼仪总是在教人该做什么和不该做什么，而且大部分情况下，它都在约束你的行为。

嘘!仔细看哟!

好的教育需要有**好的**父母,**好的**父母也需要了解什么是**好的**行为,而且愿意好好地教会孩子学习这些规则。当然,你也可以通过阅读这本书学会**好的**礼仪规则,这样是非常**好的**选择。

第二章
餐桌礼仪（上）

说给跳芭蕾的孩子们：

在餐桌旁和别人一起吃饭比站在舞台上跳芭蕾的感觉还要糟糕，因为你的行为处处受到限制，几乎什么也不能做，但什么都得去做，做到这些**真的**非常难。更讨厌的是，无论你做得多好，永远都需要进一步提高和改进。和跳芭蕾一样，你在餐桌上的一举一动必须要遵守一定的规则（这种规则都不会很简单）。这两件事情比较起来并没有什么不同，具体是为什么呢？

说给不跳芭蕾的孩子们：

为什么不去跳芭蕾呢？难道不好玩儿吗？跳芭蕾的时候，你的行为几乎处处受到限制，不仅不能随心所欲地玩耍，还要完成所有的动作，真的是非常难。*

好啦，现在我明白你为什么不愿意去跳芭蕾了。

我们也没有必要再去讨论跳芭蕾时穿的令人讨厌的粉色紧身衣和芭蕾短裙了。

---

* 参见"说给跳芭蕾的孩子们"。

对不跳芭蕾的孩子们,我可以换个说法,也许这样你能更好地理解:为什么在餐桌上和别人一起吃饭比背书还要痛苦。*

但是对那些既不跳芭蕾也不背书的孩子们,那么我只能说:

可能你年纪还太小,不适合读这本书。

好啦,下面我们马上讲一讲餐桌礼仪。

餐桌上的礼仪规矩非常严格、难学,有时候这些规矩听起来一点儿逻辑都没有。我想你之前对这些已经有所了解。尽管如此,大人们还是认为这些礼仪非常重要。

---

* 参见"说给跳芭蕾的孩子们"。

不过，有时候大人们也不遵守这些餐桌礼仪，他们把自己的这些行为称为"例外情况"。如果你们碰到这些情况，可能会觉得大人们的做法和我们讲的餐桌礼仪规则不一致。这些"不一致"的情形是什么样的呢？

比如，你们也许常常会在吃饭时遇到下面的情形：

你：
今天我们学校发生了……

妈妈：
＜喊你的名字＞！
拜托，吃饭的时候别说话。

你：
可是妈妈，
你刚才不也是一边吃着东西
一边和我说话吗？

妈妈：
啊……嗯……
那好吧，那不许你在嘴里嚼着东西的时候说话。

你：

可是你刚才就是嘴里嚼着东西的时候

在和我说话呀！

你难道不应该给我做个好榜样吗？

妈妈：

我当然要做个好榜样，

不过如果我看到你嘴里嚼着东西说话，

难道不应该告诉你这样做是不对的吗？

你：

我觉得你不应该在 **自己**

嘴里嚼着东西的时候提醒我。

妈妈：

可是如果要等我吃完了再说，就太晚了。

那个时候你也把嘴里的东西吃完了。

你：

你之前不是说要我多吃东西吗？

那以后我在嚼东西的时候不说话了。

妈妈：

好，那就接着吃饭吧。

吃饭的时候突然站起身来也是如此。按照礼仪规定，你不能这样做。换句话说，至少你——作为一个孩子，不能这样做。大人们有时候不理会这些规定，可能会在吃饭的时候不停地站起来走动，但是你必须要注意这条规定，尽量不要走动。

大人们起身走动有很多原因：
有时候，他们要起身去厨房取东西。
有时候，他们要起身去冰箱取东西。
有时候，他们要起身取餐巾。

每次坐下来不到三分钟，他们就会起身一次。他们完全不遵守餐桌礼仪的规定，称这些都是礼仪规定的"例外情况"。尽管如此，你还是得遵守餐桌礼仪。如果你吃饭的时候想站起来取记号笔，或者想站起来看一看白鹳，你可能马上就会听到大人们对你说：*

---

* 你听到这些话时，是不是马上明白"例外情况"和"不一致"是怎么回事了？

"坐下!"

"回到座位上!"

"别站着!"

第三章
餐桌礼仪（中）

下面我打算介绍的餐桌礼仪，也许你之前就已经听说过，不过为了确保万一，我还是要多说一遍：在正式的西餐聚会中，一般要使用刀叉吃饭，只有在喝汤和吃甜品的时候才使用勺子。吃饭时，要左手拿餐叉，右手拿餐刀。请参考下图，一定要记住刀叉的正确拿法：

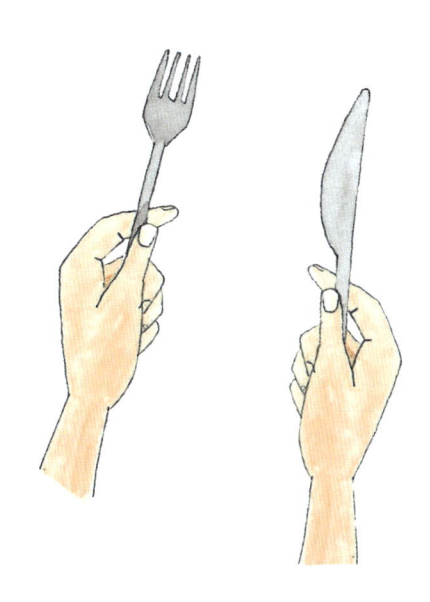

千万不要像下图这样握刀叉：

上面说的是一些基本规则。如果你不按照这个要求做，那么大家会认为你是一个没有礼貌的孩子。不过话说回来，任何事情总有一些例外的情况，在餐桌上使用刀叉也是一样。例如，你在吃鸡肉的时候就不用遵守这个规定。

我的妈妈总是告诉我：

"在比荷卢经济联盟的家庭里，要用你的小手吃鸡肉。"

当我还是个孩子的时候，我并不是特别理解这句话，所以我现在想和你们好好解释一下。这样，当妈妈给你讲这句话的时候，就会明白其中的含义了。

比荷卢经济联盟是一个国家组织，包括比利时、荷兰和卢森堡三个国家。这是一个很有趣的知识，你可以记住它。在这三个国家里，无论是在家吃饭，还是去外面的餐厅吃饭，你都可以用手吃鸡肉。这里说的"鸡肉"指的是一整只鸡的肉，而不是鸡块。如果是鸡块，你还是得用刀叉。在比、荷、卢这三个国家，连法式酥盒*也不例外。如果你在其他国家用餐时碰到鸡肉，先看一看周围的大人们是怎么做的，和他们保持一致就没有问题。

当然，如果你要吃薯条、汉堡和比萨饼，也用不着使用刀叉。有时候你可以直接用手去吃，有时候可以不用手。大人们会告诉你什么时候该用手，什么时候不用。不过，他们的意见也常常不统一。

---

* 在比利时，酥盒还有另外一个名字：女王甜点。这种食物的名字非常优雅，即使比荷卢经济联盟内最不讲礼貌的孩子在食用它们的时候也要使用刀叉。

比荷卢经济联盟

比如，当你的爸爸说"**用刀叉吃饭**"的时候，你的妈妈可能会小声地告诉你："没必要。"

这时，两个人可能会开始争吵。

"一定要用刀叉！"
"不要用刀叉！"
"一定要用刀叉！"
"不要用刀叉！"

（他们常常把这种争吵称作"**讨论**"。）

这时，你拿着餐具看着他们，常常会不知所措。

所以，当你碰到这种情况时，这本书的知识对你就显得至关重要：如果桌子上铺着**桌布**，那么无论如何你都**不能**用手直接去抓食物吃*。碰到有薯条、汉堡或者比萨饼时，情况可能会更加复杂。

当然，我还是建议你碰到这类情况时先看一看周围的大人们是怎么取餐吃饭的，然后和他们保持一致就可以。

---

* 你知道的，在这种餐馆里，你几乎无法移动，而且在菜单上也看不到像鸡块、热狗、儿童空心粉这样的食物，不过会有一些鳕鱼片蘸荷兰酱配海芦笋，以及其他你从来没有听说过的食物。

关于刀叉的使用，你还需要了解下面的知识：

- 永远不要用叉子戳自己的嘴。记住！永远不要这样做！虽然每个人都难免在吃饭的时候会将叉子戳到自己的嘴。
- 吃饭前刀叉正确的摆放位置是：餐刀放在右手边，餐叉放在左手边，勺子放在餐刀的右侧。就像下图摆放的这样。

或者

- 如果桌子上放着两套刀叉，那么意味着吃饭的时候会先后上两道菜，一道前菜和一道主菜。这种情况下，你坐在餐桌旁的时间可能会比较久，但愿你手边有一本书或者一支画笔可以消磨时间。当然，如果有一个平板电脑那就更好了。不管怎样，你都要使用最外侧的餐具食用前菜（就是距离你胸口最远的那一套刀叉），接着再用里面的那套餐具食用主菜。
- 当你吃完饭后，要按照下图的样子摆放刀叉：

- 上面介绍的是一般情况下刀叉使用的规则，不过我们吃饭时还会用到**特别的餐具**。

餐桌上的海鲜几乎样样都需要使用额外准备的特别餐具：吃鱼用的鱼刀、吃牡蛎用的牡蛎叉、吃龙虾用的龙虾钳，等等。听起来种类很多，也很复杂，但是你不用怕麻烦，我们稍后还会继续了解这部分知识。

第三章的补充
比比谁更惨（之一）

你现在可能已经意识到，对我们而言，餐桌礼仪是非常复杂的一套规则。不过对其他国家的小朋友们来说，情况也好不到哪里，甚至有时候可能会更糟糕。下面我就和你讲讲下面几个国家的小朋友在吃饭时的礼仪要求：

- **中国小朋友**
- **法国小朋友**
- **意大利小朋友**

中国小朋友

我先声明一点，中国的小朋友吃饭的时候不使用刀叉。你了解他们的文化后就会明白了。

对中国的小朋友而言，吃饭是一件更有挑战性的任务。正如你所了解的那样，中国人特别喜欢吃米饭。你也知道，米粒非常小，而且夹起来特别困难。当然，我说夹起来特别困难，指的是用中国人使用的筷子去夹。

对中国的小朋友而言，这种困难程度更是如此！

如果他们严格按照下面列出的 5 条中国餐桌礼仪去吃饭，那么他们在整整 1 个小时的午饭时间里最多只能吃进去 10 粒米：

1 必须使用两根筷子吃饭。

2 必须用一只手使用两根筷子吃饭。

3 必须将食物夹在两根筷子之间（不是用筷子头去戳）。

4 不允许用筷子像串肉一样去刺叉食物。

5 不允许将筷子当作"勺子"一样使用。

法国小朋友

说到法国小朋友,简直太糟糕了。法国是一个美丽的国家,但是在那里长大可不是一件轻松的事。他们需要学习的礼仪规则是你的5到6倍,而且每一样的要求都非常严格。

法国小朋友甚至吃一个橘子都需要用刀叉。你要是有兴趣的话,可以试一试。最好是一边讲法语一边吃橘子。

(用刀叉吃橘子简直是一种折磨!)

而且不能在嘴里塞着食物的时候讲话哦!我知道你已经学过了这条规矩。

意大利小朋友

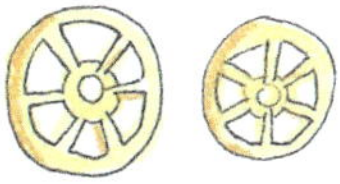

车轮面

在你的印象里,意大利小朋友肯定过得非常幸福:他们住在一个拥有世界上最好吃的冰激凌的国家,而且每天可以吃到比萨饼和空心粉。而空心粉恰恰是他们最为烦恼的食物,因为根据他们的礼仪规则,不能将空心粉切断,必须要一口气吃完。

小贝壳面

猫耳朵面

在意大利,空心粉的种类有很多,但我不打算向你一一介绍了,你只需要记住,如果你在餐桌上吃空心粉,永远不能用刀叉将它们切断就可以。

螺旋面

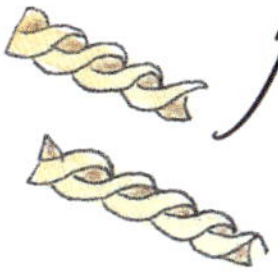

蜗牛壳面

蝴蝶结面

通心粉面

斜管面

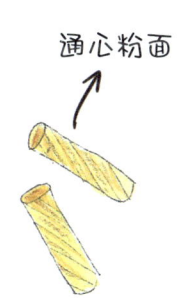

意大利波浪宽面

意大利细面

意大利特细面

意大利扁平细面

意大利扁面

意大利干面

第四章
餐桌礼仪（下）

仅仅遵守刚才讲的那些规则并不代表你就能很好地掌握餐桌礼仪。除此之外，你还要注意吃饭时候的态度以及使用餐巾，甚至是接触食物的规矩。这些要求看起来很多，但不幸的是，它们仅仅是做好餐桌礼仪的基础。

如果你受邀参加国王晚宴[*]，那么去之前你必须好好地了解餐桌上的礼仪规定（在国王的晚宴上，食物一定都特别好吃。你必须要先搞清楚，自己是去吃好吃的东西的，还是要根据礼仪要求优雅地参加晚宴的）。

---

[*] 受邀出席国王晚宴的理由有很多，比如：可能你是跳远世界冠军，或者你获得了诺贝尔和平奖，又或者你碰巧和国王（女王）在同年同月同日生。

关于在餐桌上手臂、胳膊肘和双手的摆放规定

我个人觉得，在餐桌礼仪中，对手臂、胳膊肘和双手的规定非常枯燥，所以我打算简短地作一下讲解：

- 你的手臂不能放在邻座的活动区域。从下图你可以很清楚地看到哪些是你的活动区域，哪些是你邻座的活动区域：

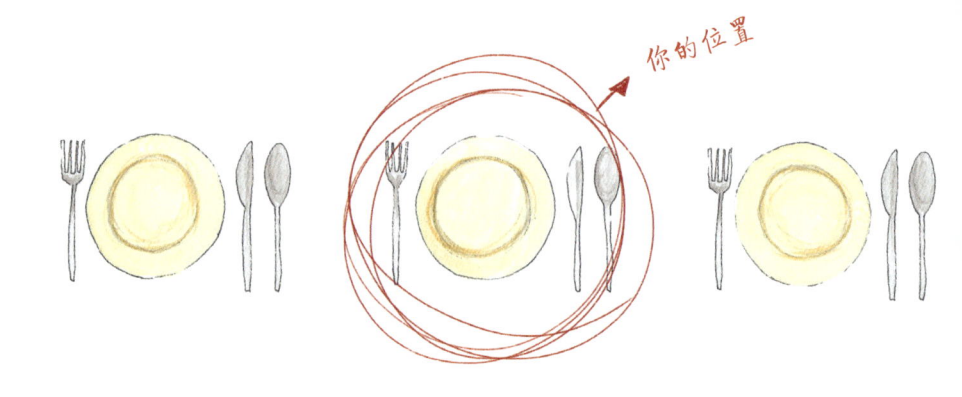

你的位置

- 用餐时，你在任何时候都不能将胳膊肘放在桌上。
- 用餐时，你的双手必须始终放在桌面上，不能超出你的活动区域。（参见上图）

按照这些规则，实际上你的活动空间非常有限。因此，如果你在用餐时想要使用桌面上的盐罐或者黄油，常常需要请距离它们更近的邻座帮你取，而不是自己伸手去拿（晚宴上的佐料一般都放在一个玻璃瓶里）。

使用餐巾和衣袖的规则

简短地说，关于在用餐时使用餐巾和衣袖，只有两条规则需要记住：

1. 擦嘴时你要使用餐巾，而不能使用袖子。你的妈妈也不能使用袖子擦嘴。我想这些话你应该从爸爸妈妈那里听到好多遍了，他们说的都没有错。
2. 餐巾只能用来擦嘴，而不能做其他的事情——比如擦鼻涕。你仔细想一想，就知道其中的原因了：假如你用餐巾擦了鼻涕，碰巧鼻涕里有一些不太受欢迎的东西（比如黄黄的、黏黏的东西。你懂的……），而之后你还要用餐巾去擦嘴。这是一种什么样的感觉？这下你懂了吧？我猜如果你能想象一下这个画面，就肯定不会使用餐巾去擦鼻涕了。

叠餐巾是一项专门的手艺，有人甚至将它做成了艺术品。看看下图中这些餐巾的样子：

轮盘游戏和"接触即食"的规则

你知道什么是轮盘游戏吗？嗯……其实我心里早就知道你们的答案了。毕竟，你们的小学老师不会教授这些知识，而且这也和我们现在讲的就餐礼仪关系不大。不过，我还是想和你们说一说轮盘游戏是什么，之后再用它来解释"接触即食"的规则。

轮盘游戏：

轮盘游戏是一种赌博游戏。你学完这一章的内容后，一定要牢牢记住永远不要去玩这种游戏。长大后也不能去玩，因为你赢的概率远远低于输的概率。

轮盘游戏不是一个特别难玩的游戏，但是解释起来却很麻烦。我试着用下面这幅图给你们讲解一下：

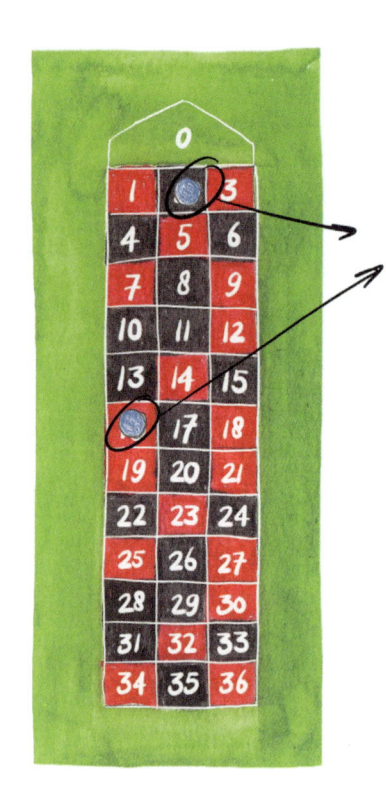

在轮盘格子中你可以看到轮盘上标注的所有数字。假如在一局游戏中，你要猜的数字是2和16。

你会发现小球落到2和16的概率非常小。

你们懂了吗？

好了，现在我们来讲一讲"接触即食"的礼仪要求。

这条规则主要适用于那些用手直接取食的菜品（例如一些开胃小菜、"tapas"*或者搭配咖啡的甜点）。

---

* "Tapas"是源于西班牙的一种佐酒小餐，经常在酒吧可以看到。荷兰也有类似的Tapas。Tapas这种食物看起来非常棒，因为有时候里面会有橄榄、烤土豆块、炸鱿鱼圈或者美味的奶酪、火腿和香肠。不过，有时候里面也会夹杂着动物的肾、肝脏和其他令你无法下咽的食物。

"接触即食"这条规则完整的说法是"一旦取走食物，就必须把它吃光"，即使你发现食物中有一些不喜欢的东西，比如：

1. 肥腻的食物
2. 难以下咽的夹心食物
3. 油腻的布丁
4. 健康却没有味道的蔬菜

一般来说，你不喜欢的食物出现的概率有一个约数。假如有 5 种食物可以选择，那么你选到不好吃的食物的概率通常是 4/5（80%），选到好吃的食物的概率只有 1/5（20%）。

换句话说，你赢的概率（20%）要远低于你输的概率（80%）。

赢的概率（20%）

有的妈妈*非常善良：如果你选的东西不好吃，她们会帮你把剩下的东西吃掉。但是如果食物已经被你放进了嘴里，她们往往也不会帮助你，除非她们是**非常宠爱孩子**的妈妈。有些妈妈其实没有那么娇惯孩子，所以做不到这一点。

我想，你一定是那个最了解你的妈妈是属于哪一类的人。所以，当你决定取餐时，一定要好好想一想结果（你只有 20% 的概率碰到好吃的东西哦）。

注意：

如果你碰巧取到了不好吃的东西，那么有一条**紧急措施**可以使用**（不过，你不能经常使用这一招，否则以后就没有人相信你了）：你可以说食物里面可能含有**酒精**，那么不管怎么样，你都可以把它交给大人们处理。

大人们喜欢吃含酒精的东西，他们一般都会自己吃掉。

---

* 在这里，暂时不考虑爸爸或者其他大人有可能会帮你吃掉这些食物的情况。
** 在赌博的术语里，我们称这种人为投机分子。

第五章
用两个词表达礼仪

"两个词"的含义

和其他章节的内容比起来,这一章真的非常简单。用"两个词"表达是人们交往中最基本的一个原则,也就是说:如果有人问你问题,你要**至少使用两个词**进行回答。这个规则实际上是一道算术题,当你说话时可以在心里默默地数一下:一个词,两个词,好的,可以了。

举例说明：

你去同学家玩耍，同学的妈妈问你是否想喝柠檬水。这时，你不能简单地回答"想"，因为这只有一个词。根据交往的礼仪要求，你至少要用两个词来回答。

"我想喝，谢谢您，希尔德阿姨。"这是一个不错的回答方法。

"我想喝，谢谢您，太太。"这样回答也可以。

但是，你不能这样回答。例如："我想喝，请快一点儿"或者"我想喝，再给我来一袋薯条"。

这个规则听起来很简单，但实际使用时也并非那么容易。至少用两个词来表达并不代表你可以随便找两个词回答别人的问题，第二个词必须要指向和你交谈的人（例如上面例子中的"希尔德阿姨"或"太太"）。

两个附加词

既然我们聊到说话时的词汇表达，而且大部分都限定在"两个词"，我们不妨再试着增加两个词。增加的这两个词具有非常大的魔力，是我们语言中非常有力量的基本词汇。

孩子们，

这就是

我刚才说的

那两个

谢谢

你们可以**经常**使用

请

为你们**加分**的词：

1. 谢谢

毫无疑问,"谢谢"一词非常受人欢迎。而且,无论你说多少个"谢谢",也不会对自己带来什么伤害。当妈妈问"你该说什么"时,"**谢谢**"一定是最聪明的回答,尽管你可能并不知道这是为什么。

2. 请

如果你想问别人一些事情,那你一定要加上"**请**"这个词。这样做不仅仅是为了显得你很懂礼貌,而是这个词真的非常有用,可以大大增加你获得想要的东西的概率。[*]

两个可能感到迷惑的词

既然我们在讨论如何在对话中使用词,不妨在限定好的两个词之外再加上两个词。下面我要介绍的可不是额外要增加的词,而是我们语言中很难区分的两个词:"**您**"和"**你**"。

---

[*] 在一些咖啡馆中,如果你向服务员点一杯可乐时说:"要一杯可乐!"那么,他可能会收你 3 欧元。但是如果你对服务员说:"请给我一杯可乐。"那么你可能只需要支付 2.2 欧元。也许你的零花钱很多,不在乎这点儿差别,但是学到这个简单的技巧会对你大有帮助。

即使是大人，也常常搞不清楚什么时候该使用"**您**"，什么时候该使用"**你**"。所以，我只介绍最基本的使用规则：

如果碰到你不认识的大人，最好说"**您**"，而不说"**你**"。

在其他场合，很难判断用哪个词合适。我们缺少统一的规则，而且还有很多例外的情况。

其实你不用特别担心，即使偶尔用得不对，大人们也不会责怪你。如果你学习并遵守这本书讲述的其他礼仪规则，那么你就已经是一个**懂礼貌的好孩子**了。

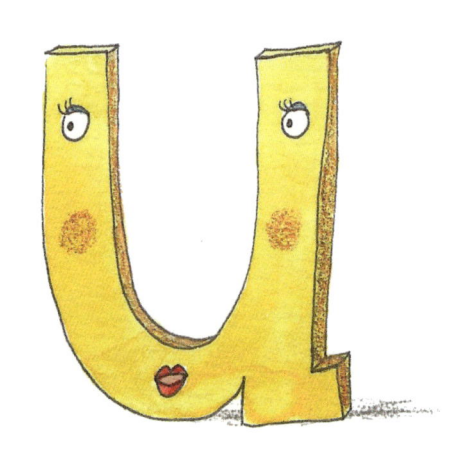

第六章
如何打断一段对话

除非遇到紧急情况,否则不要轻易打断大人们之间的对话。

不过，还是会有一些原因，让你感到不得不打断他们的对话，主要是下面三个：

1. 大人们谈论的话题非常**无聊**；
2. 大人们的对话时间非常**长**；
3. 你认为紧急的事情，在大人们眼里不一定紧急（反之亦然）。

问题1：大人之间被延长的对话

大人们之间的对话往往枯燥无趣。他们常常讨论**政治、体育或者工作**，有可能完全忘了你还在身边，会一直喋喋不休地聊下去。

但是你要从两个方面看待这个问题：一方面，如果你想从橱柜里偷偷拿一根棒棒糖吃或者试一试妈妈的指甲油，趁大人们之间谈话的时机去做这些事情是一个特别理想的机会；另一方面，大人们在对话中讨论的话题实在是太无聊了，这时，如果你想打断他们，几乎任何一个理由都可以被视作合理的"紧急情况"*。

---

* 关于这个问题，你可以在"问题3：什么才算是紧急情况？"中更好地理解这个概念。

大人们讨论的话题往往枯燥无味，这些内容很少会让孩子们感到轻松愉快。如果他们在对话中讨论**关于你的事情**，恰巧你也在旁边一起听着，他们就会用一些生涩难懂的词汇交流，避免你听得懂。如果他们讨论的话题特别有趣，但又不想让你听到，那么你的妈妈会转换语言，用你听不懂的语言（比如某种外语）讨论。

因此，这个时候你需要特别注意他们讲的内容，因为你的爸爸通常不会立刻明白你的妈妈突然更改交流语言是什么意思。这是你抓到关键信息的最好时机。

一些关键信息，例如：

- 你们一会儿要吃冰激凌。
- 你的父母对刚刚来访的客人是一种什么样的评价。
- 你在生日的时候会收到什么礼物。

不过这个时候，你的妈妈会和你说一些含意不是很清楚的话，例如：

"带着大耳朵的小罐子。" *

---

* 这里其实指的就是你自己，意思是竖起耳朵认真地去听和你无关的事情。这意味着，孩子们对和他们无关的东西也会听得很认真。

或者妈妈用某种眼神看了看你（爸爸妈妈常常可以用眼神指向某一个人），接着你的爸爸就开始突然讲英语或者其他你听不懂的外语。

问题 2：大人们无穷无尽的对话

大人们之间的对话不仅无聊透顶，有时候持续的时间还特别长。你很难找到一个合适的机会去打断他们。

如果你找到了机会，就要**立刻**表达自己的想法。

除此之外，我没有更好的建议送给你了。

问题 3：什么才算是紧急情况？

只有在紧急情况下，你才能打断大人们的讲话。那么问题来了：什么才算是紧急情况？

如果你找不到自己的平板电脑*，或者你感到饿了，特别想打开一包薯条吃，这些算不算紧急情况呢？

---

* 如果你平时不使用平板电脑，可以理解为"如果你找不到你的画画书"。

如果你的小伙伴不小心跌落楼梯或者被订书器伤到了大拇指，这算不算紧急情况？

如果厨房发生了火灾，或者你无意中打开了正在工作的洗衣机，这种情况下你可以打断大人们的对话吗？

对每个人而言，一件事情是否为紧急情况的标准都不太一样。如果你碰到的事情与**受伤、火灾、水灾**有关系，那么即使是大人，也认为那是紧急情况，你就可以打断他们的对话，把这些情况告诉他们。其他的大部分事情，都不算是紧急情况。

第七章
如何开始一段对话

当你特别小的时候,每个人都喜欢听你嘟嘟囔囔地说一些大家听不懂的话。那个时候,你会讲一些听起来傻乎乎的东西,比如"拉拉""皀皀"或者其他听不出意思的话。当你说这些话的时候,完全没有概念自己在说给谁听,也不去考虑别人是否能听懂。当然,听你说话的这些人也不是很在乎,因为在他们看来,无论你说什么,他们都觉得很好。

不过，随着你不断长大，开始学会走路之后，你就要学习各种各样的礼仪规定，甚至连每天要做的事情——**与人交谈**，也要遵守一定的规矩。

你已经知道不应该在别人说话的时候打断他们，但是仅仅做到这一点还不够，你不仅要让对方继续讲下去，还要表现出对对方所讲的话题很感兴趣的样子。在**轮到你说话之前**，你的谈话对象也**一定不想**给你留下一种干坐在那里等着他讲完的感觉。

我们称它为"有趣的声音"(或者"有趣的假装聆听"*)。

下面我来教你两种小技巧,帮助你做到这一点:

第一种技巧**:

当对方讲话时,不时地说几句下面的话:

"哦,我真的不了解你说的东西!"
"你讲的真有趣!"
"真的吗?……是吗?"
"接下来呢?"

---

* 这里指的是装作很有兴趣地听对方讲话。
** 使用第一种技巧,你必须通过说话表达出你对对方所讲的话题的兴趣。我们称这个为"语言交流"。

如果你最后**真的**同意对方说的观点,你可以使用下面的句子:
- "我最近也有类似的经历。"(接着你可以讲自己的故事)
- "是的,我也总是这样。"(接着你可以讲自己的故事)
- "哦,那你一定得听听我说的事情。"(接着你可以讲自己的故事)

"我最近也有类似的经历。"
"是的,我也总是这样。"
"哦,那你一定得听听我说的事情。"

第二种技巧*:

你也可以用你的表情和动作表现出对谈话内容的兴趣。

---

* 使用第二种技巧,你需要通过表情和动作表达出自己的兴趣。我们称这个为"非语言交流"。

看看下面图片里小朋友的表情：

真的吗？

太搞笑了！

我听着呢！

真奇怪！

看着对方的眼睛（="我在听你说话"）

点头（="我同意你的观点"）

扬起眉毛（="真奇怪"）

瞪大眼睛，张开嘴（="真厉害"）

大笑（="真好笑"）

颤动大腿（="真好笑"）

从椅子上摔下来（="真好笑"）

在地上打滚（="真好笑"）

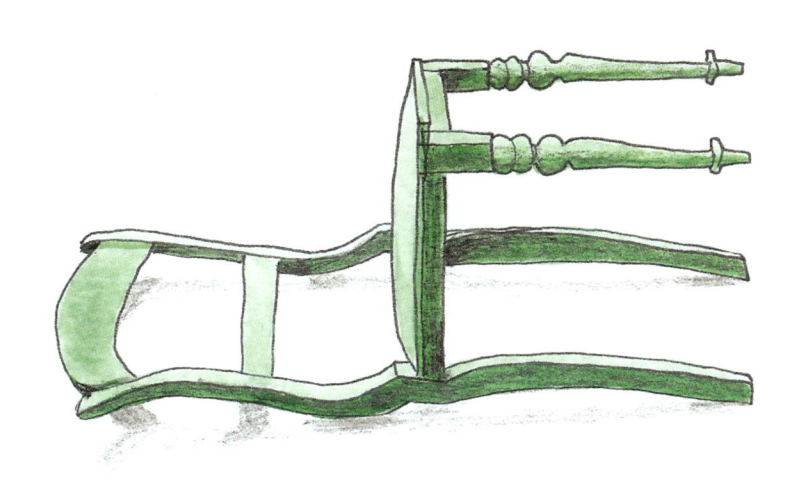

第八章

#🕷!💥& 💐🏋?🗣&⛈*☠💧!!*

我在这本书一开始时就说过：礼仪是关于人与人交往时要遵守的规矩，是一种对人的行为的约束。这些规矩当然也要约束你说的脏话和对别人的咒骂（都是一些坏话和令人感到不舒服的话）。

实际上，"脏话"起不到任何作用，一般是人在找不到更合适的词汇来表达自己的情绪时才想到的表达。

平时讲话时，尝试着不要使用

"***#🕷!💥& 💐*🏋?🗣&⛈*☠💧!!***" *

这些粗俗的词汇。

---

* 指的是那些骂人的脏话，这些脏话你可能已经知道，也可能会在以后的生活中听到。

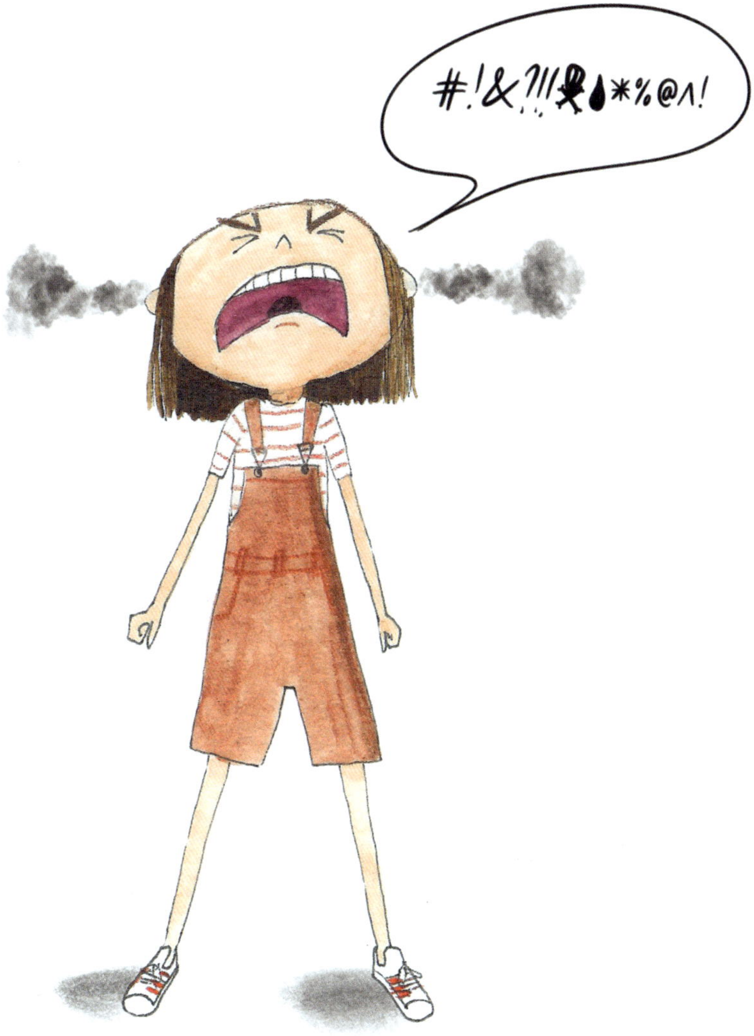

请记住以下内容：

- 如果你和别人一起说另外一个人的坏话，这实际上是在说你自己的坏话，并不是在说别人。
- 诅咒是用语言对别人进行攻击。这和用拳头去打别人一样。可你平时不会这样对待自己的朋友吧？
- 诅咒别人就像用自己的脚去踢桌腿，不仅一点儿作用都没有，还会让自己的脚趾受伤。我想你一定能明白其中的道理，对吗？

特别注意：
- 你说话的声音越大，不代表你说得越正确。

地球是平的！

我觉得你已经有所感觉，在这一章里，我对你提出的要求会比其他章节**更加严格**。我这么做并非没有原因：礼仪的基础是尊重。你是否做到了尊重他人，实际上你和他人一开始交谈的时候就确定了。

（一旦你说了**脏话**，那么其他人就**总是**会把你当作一个**不懂得尊重他人**的孩子。）

第九章
如何用好肢体语言

你在学校里一定已经学会了如何用语言和他人交流。这没有什么不对,但还远远不够。实际上,在与他人交流的过程中,你的肢体也在传递着信息,而且很多时候这些信息并不是你有意想要表达的。

突然开始流鼻涕,

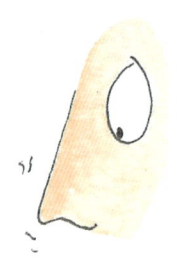

突然胃感到不舒服,

突然打了一个味道难闻的嗝,

嗝儿

或者

突然憋不住放了一个屁。

对于这些，你似乎也无能为力。但是你必须清楚在碰到这类情况时该如何应对。

说一句"**对不起**"或者"**抱歉**"是一个不错的选择，但除此之外还需要进行更好的应对。

咳嗽、打喷嚏和打哈欠

有些礼仪规则并非毫无道理。比如：咳嗽或者打喷嚏时，必须用手捂住嘴。这样做可以防止细菌扩散，避免其他人生病。这种要求非常合理，也很明智。*

但为什么在打哈欠的时候还要用手捂住嘴呢？如果嘴里没有东西，而且也不会传播病菌的话，为什么不能让别人看到你张开的大嘴呢？**看看别人嘴里的东西难道不是很有趣的事情吗？至少我是这么觉得的。

---

* 因为咳嗽和打喷嚏常常是生病的症状（也就是生病的表现）。
** 的确，打哈欠不是生病的症状，仅仅是疲惫或者无聊时的身体反应，而且不会传染。

不过，大部分人的嘴里是看不到什么东西的。不信的话你可以试试：打哈欠的时候照照镜子（别发出声响），看看会不会有东西在里面。

挖鼻孔、掏耳朵、挠痒痒

永远不要当众挖鼻孔或者掏耳朵，也不要用手去挠身体的其他部位。一般来说，即使你身体的一些部位感到非常痒，也不能用手去抓。当然这很困难，因为大家都知道如果不去抓就会让痒的感觉更难受。所以，如果真的难以忍受，你可以找一个没人的地方偷偷地抓一抓。

唯一可以解决挖鼻孔的方法是用手帕或纸巾。如果你的妈妈在旁边，这就好办了，因为她的手提包里**总会**放一块手帕或者一些纸巾，这几乎是众所周知的事情。

但有时候,你的妈妈可能不在身边,你不得不自己处理。这时,你得好好想一想办法。试着先去找一找厨房纸巾、厕纸或者餐巾纸*代替一下。如果使用这些替代物擦鼻子,其他人是不会太在意的。

---

* 我当然知道在第四章里曾经告诉过你,不能用餐巾擦鼻子。但是,我们现在讨论的是**紧急情况**下的解决办法。在**紧急情况**下,我们可以将规则变通使用。

关于手帕，你要知道它们比纸巾更加环保。但是你要不时地进行清洗，否则它会变得很脏。这与礼仪无关，仅仅是为了卫生。

内衣、放屁和打嗝

千万不要谈论任何有关你内衣里面的东西或者你上厕所的事情，特别是在有许多大人在场的餐桌上。

这其实很奇怪，因为几乎每个人都会觉得这种话题非常有趣。不过，几乎所有人都认为你不应该在这种场合下讨论这个话题，所以还是不要说了。

如果你还是希望了解这些话题，去咨询那些比你年龄大的孩子* 可能是一个更好的选择，他们总是能带给你一些有用的信息。

---

* 或者去互联网查询。

在我家里壁炉的墙壁上挂着一些写满智慧格言的漂亮装饰品,其中一幅写着:

> 放屁是一件我们都不愿意讨论的事情,不过遗憾的是,它们总是时不时地会发生。

一般来说,有人的时候,你不会当众放屁或者打嗝,不过有时候,而且是在非常偶尔的时候,你控制不住它们。

根据不同的情况,你有两种应对方式可以选择:

1. 轻声说声"**对不起**"或者"**打扰了**",并很快岔开话题。

2. 装作什么都没有发生一样：**你**什么都没有听到，**你**什么都没有闻到，**你**什么都没有发现（当然也不要脸红）。

另外，切记不要做下面的两件事情：

1. 大笑、傻笑等吸引人注意的行为。

2. 趁着其他人放屁、打嗝的时候搞接力活动。例如弄一些所谓的"放屁音乐会""打嗝卡拉OK""放屁接龙""打嗝比赛""放屁挑战赛"，等等。

第十章

隐私：孩子与大人的差异（理论篇）

"**隐私**"这个词你可能很早就听过。在词典里，"隐私"这个词的含义常常这样表述：

> "不受打扰地独处，或者与自己的朋友和伙伴待在一起；将自己隔离起来，免受外部世界的打扰……"

看到这个解释就容易懂了，是吗？

不过，你真的**理解**它的含义了吗？例如：你是否**懂得**大人们所说的"我需要一些隐私"的真实意思？你的心里是否真的了解为什么大人们都需要隐私？

我想你现在还不能理解。

最好的情形是你能够**尊重**别人对隐私的需求，但是你是否真的**明白**其中的意义呢？我想还不能。

你们（孩子们）和我们（大人们）在这个话题的认识上有本质的不同。你们会觉得所有的事情如果可以一起做会变得更有趣：

- **一起**读书
- **一起**刷牙
- **一起**读信
- **一起**洗澡
- **一起**在网上看电影
- **一起**去厕所
- **一起**打电话
- **一起**和爸爸妈妈共进浪漫晚餐
- **一起**起床
- **一起**睡觉

但我们**不是**这样的。

下面我们来比较一下大人和你的不同：

你们

第一个不同在于你们对任何事情都非常好奇。你们总是想知道所有的事情，了解与你们没有关系的事情。不过你们可能不太同意这个说法。

第二个不同在于你们对一起活动感到非常开心。你们喜欢和别人一起做一些事情。

第三个不同在于你们过于诚实，无论何时何地都愿意表达自己的想法和观点。有时候其他人并没有询问你的想法，你还是想要说出来，比如脸上的皱纹、牙齿的状态、呼吸的气味，等等。

我们

一般情况下，我们觉得保持好奇心非常好，但也并不总是这样。比如我们对富有的邻居每个月挣多少钱就没有多少兴趣。

我们和你们在一起会感到非常开心，但有时候没有你们的陪伴也会感到开心。在这一点上，你们要尊重彼此的感受。

我们当然觉得诚实是一种美德。但是不会像你们那样过于诚实。不会像你们一样评价我们的年龄，不会像你们一样直白地说出我们因为一个不好笑的笑话在假装大笑，也不会像你们一样直接说不喜欢我们送的礼物。

结论：

我们和你们有很多不同。

现在也许**你们**会问自己，什么时候会变成像**我们**这样的人。实际上，这种变化可能是突然间发生的，一般会在 10 ~ 12 岁之间发生。这个时候你可能会突然（真的是很突然）明白为什么大人在进入某个房间前必须要先敲门。

这是不是一个很好的消息？这种变化是**自发**形成的，不需要进行特别的学习。

慢！稍微等一下！

（在此之前，请试着尊重**我们**的隐私。以下**三种情况**是大人们最不愿意**看到或者听到**你们声音的时候：

1. 他**上厕所**的时候。
2. 他**打电话**的时候。
3. 他和其他人**吵架/讨论问题**的时候。）

第十一章
隐私：孩子与大人的差异（实践篇）

在上一章，你已经知道大人和孩子之间存在隐私方面的差异。不过，仅仅通过阅读，你很难彻底理解这种差异。下面我要教你几条可以立即派上用场的实用小技巧：

1. 你不能把所有知道的东西都**告诉别人**。
2. 你不能对所有的事情都去**提问**。
3. 你不能对所有的事情都**发表评论**。
4. 你不能对所有的东西都去**指指点点**。
5. 你不能对所有的东西都去（明显地）**观察**。

1. 告诉别人

把话题控制在家庭成员内部。凡是你看到有关**金钱**、**性**和**爱情**的事情,最好不要再和别人去说。如果你拿不准,在告诉好朋友(或者关系一般的朋友)之前,先问问你的父母。

2. 提问

除了家庭成员,最好不要向别人提问关于金钱、性和爱情的问题。这会让大人们觉得你非常"鲁莽"*。

除此之外,还有一些不太适合提问的问题。比如下面的这些问题:

- "你觉得你的先生长得**帅**吗?"
- "你那里怎么长了一个**粉刺**?"
- "你以前也是这么**胖**吗?"

这些问题在你**看来**可能觉得没有什么,而且听起来也很有趣,但是对其他人而言,也许是一种伤害或者挑衅。

---

* 如果你"隐私"这个章节没有学好,大人们可能会用"鲁莽"这个词批评你。

很有趣，但是对其他人而言，也许是一种伤害或者挑衅。这种提问实际上是对别人的一种不好的评价（例如，"你那个粉刺**好恶心！**""你长得**真胖！**"），或者是一种不好的暗示（例如，"我觉得你的先生长得**不好看**。"）。

3. 发表评论

除了上面两条，你最好也不要对别人的长相或者行为随意发表评论，但是赞美的话当然可以说（是不是觉得很幸运，我并没有禁止你对一切事物进行评论）。如果你收到了一件非常糟糕的礼物，那么你可以说你觉得这件礼物**"非常与众不同""很特别"**或者**"非常原生态"**，而不能直接说这是一件糟糕的礼物。

即使你和小伙伴们出去玩耍，也要注意和他们说话的内容。每个人的生活环境不一样，因此他们**总是**和你的看法和观点有很多不同，不过你最好不要随意评论这些差异，你可以等到回家后再将你的想法和家人分享。当你面对小伙伴（的父母）时，千万不要谈论下面的内容：

- "在**我们**家，吃东西之前都要洗手。"
- "在**我们**家，每天要刷两次牙。"
- "在**我们**家，吃饭的时候不能舔盘子。"
- "在**我们**家，我们得自己冲洗好厕所。"

4. 指指点点

你不能随心所欲地表达你想说的话题或者是你想问的问题。然而，还有比这个更高的要求，即你不能用手指随便去**指别人**。告诉你一个简单的规则：不要**用手指指人**。大部分人对这种行为会感到非常反感。

5. 观察

我们当然允许你去观察周围的事物，大部分情况下都没有问题。但是死盯住一个人的胸去看，或者凑过去和别人一起看他们的报纸和书就不对了。"**看**"和"**盯**"是两个不同的动作。"盯"指的是长时间去看一件东西或者一个人。在与人接触或者交谈时,你不能盯着一个人看,因为这样会使对方感到不舒服。

"看"和"**偷窥**"的含义也不相同。"偷窥"指的是在好奇心的驱使下去偷偷地看别人的东西,比如别人的床头柜、浴室柜、手提包、日记本,等等。

第十二章
与人分享（高级版）

上完幼儿园，我相信你就已经学会"与人分享（初级版）"的知识了。我估计你已经不下一百遍听到老师们说**"一起玩耍""一起分享"**之类的话了。

不过，除此之外，你还要学会"与人分享（高级版）"的知识，这些要求在你看来可能会非常困难。

"与人分享（高级版）"和之前的分享在规则上差别较大。举个例子，如果你有一块蛋糕，那么在初级版里，你只需要将**蛋糕的一部分**分给别人就可以，但是在高级版里，你需要将蛋糕**最好吃的那部分**（带巧克力或者树莓的部分）分享给别人。再举一个例子，大家都在桌子旁吃饭，"与人分享（初级版）"要求你将**其中一个座位**分享给别人就可以，而高级版则要求你将**最好的座位**分享给别人，即使当你仅有一个座位的时候，也会把这个位置让给别人，自己不得不站在旁边。

现在你也许会有疑问:"**为什么我得做这个?这本来就是我的蛋糕,本来就是我占的座位,我就是想坐着,不想站着。**"

但是根据礼仪的要求并出于礼貌的需要,有时候你必须为他人做这些事情。这样做没有特别的原因,只是因为大家都这样做。如果你不这样做,可能什么事情也完成不了。相反,如果你做了,很可能会受到大家的欢迎。

这就是我们所说的"与人分享(高级版)":把好的东西分享给别人,把没有那么好的东西留给自己。下面再列举几个例子:

- 在餐桌上,即使你特别饿,但还是先让其他人吃东西,然后自己再吃。
- 如果有人来家里做客,你需要将刚刚做好的点心让给别人吃,即使这些点心是你的最爱。

- 你负责把废弃的纸张丢进垃圾桶，清理垃圾；不要把嚼完的口香糖粘在桌子或者椅子上；你自己清扫溅出来的汤汁；你在进入别人家门之前把鞋擦干净；你自己冲洗厕所；你离开房间时把门和灯关上；你不会把空容器放进冰箱；你不会在房间里乱堆乱放自己的衣服。*

请

---

* 好吧，我承认，如果严格来说，最后这一部分内容不算是"与人分享（高级版）"的知识，但我还是想把这些东西告诉你。试着想一下，如果这一章的名字改为"尊重你的同伴"，我想你一定不愿意去读，对吧？

第十三章
公共交通上的礼仪规则

公共场所,特别是公共交通工具是许多陌生人聚集的地方,大家可能彼此不认识(大部分情况下,他们可能都不会认识)。这样一定会产生许多问题,因为:

- 一个人有这样的想法,另外一个人可能有那样的想法;
- 一个人觉得遵守礼仪规则很重要,另外一个人觉得没有必要;
- 一个人可能接受过良好的教育,另外一个人可能没有;
- 一个人可能比较年轻而且身材很好,另外一个人可能不是这样;
- 一个人可能觉得有些行为无法忍受,另外一个人可能觉得还可以接受;
- 一个人可能会比较着急,另外一个人则比较无所谓;
- 一个人感觉舒服,另外一个人则感觉别扭;
- 一个人可能读了**《给孩子的礼仪书》**,另外一个人可能没有读过。

但是，**这些人**都需要搭乘同一列火车或者同一辆公共汽车。

而且**他们**都买了车票，

他们都愿意找一个好的座位坐下。

你已经知道了，我们做的任何事情都要**遵守一定的规则**，不然很难顺利进行。在公共交通工具上**也是如此**。然而不幸的是，并不是每个人都能意识到这一点，而且不同的国家规则也不尽相同（我在后面会介绍这个问题）。

下面是我总结的**十条规则**，希望你们在乘坐公共交通工具时遵守：

1. 不要拥挤

排队买票或者上车的时候，不要与前面的人贴得很近，不要显得自己特别匆忙。

2. 先下后上

设想一下：你的包里有 10 个 **橙色的弹球**，桌子上有 10 个 **紫色的弹球**。现在你想将桌子上的 **紫色的弹球** 替换成包里的 10 个 **橙色的弹球**，你该怎么做？没错，你首先要将包里的 10 个 **橙色的弹球** 拿出来，然后再将 10 个 **紫色的弹球** 放进去。

不然的话，不同颜色的弹球就会 **混在一起**。

电车、火车、公交车和地铁也是如此：到站之后，车厢里的人要先下车，才能给上车的人腾出空间。这就是先下后上的原因。这很简单，对吧？

3. 保持距离

在公共交通工具上，要和其他人保持一定的距离，尽量避免和他们产生肢体接触，甚至是推搡。不过，即使你非常留意，也难免会出现意外，很可能会不小心撞到别人，或者其他人不小心撞到你。无论怎样，你都最好说一句"对不起"或者"抱歉"（即使责任完全不在你也要这样说）。尽管我们知道，有时候发生这种碰撞事件责任不一定在你，但是大人们往往会认为这是你的错。

4. 上车后往里走

上了公交车后，你需要尽可能地往车厢里面走，这样才能给后面上车的人留出空间，避免大家挤在车门口。

5. 注意开门

许多车厢的门被人推开之后会由于惯性慢慢地关闭。所以，当你通过这种可以自动关闭的门时，一定要注意是否还有其他人跟在后面。如果有人跟着你一起通过，那么在你通过车厢门后，需要用手扶住它，直到后面的人能够"接住"慢慢关闭的门时再松开。

6. 注意坐姿

公共交通工具上一般都有为乘客准备的座椅。一定要注意,不能将脚放在座椅上面;另外,也不能用背包、书包或者箱子占用其他座椅。

7. 起身让座

有些人因为各种原因行动不便,比如可能是上了年纪,或者是大腿骨折,又或者是因为怀里抱着小婴儿。如果你在车上碰到这样的人,应该站起来给他们让座。千万不要等他们向你提出请求时才行动。

8. 提供帮助

如果你在车上碰到行动不便的人，可以主动帮助他们搬箱子、抬婴儿车，或者主动询问他们是否需要帮助。千万不要等他们向你提出请求的时候才行动。

9. 不要打扰别人

大家都不喜欢噪声,特别是在火车、电车、地铁和交车上。如果你乘坐公共交通工具,请不要做下面的事情:大声打电话,看特别搞笑的电影,与小伙伴大声说话,播放声音很响的音乐(即便你戴着耳机),和妈妈不停地吵闹,等等。

10. 不要吃东西

在公交车、电车和地铁上一般禁止吃东西,但是在火车上,这项规定没有那么严格。大部分乘坐火车的乘客都会随身携带一些面包、饼干或者芝士汉堡之类的食物,方便自己在车上吃(如果在火车上吃这些食物,则必须要把吃完的垃圾收拾干净)。可是,如果你想携带味道非常好闻的法式薯条和容易掉酱的加长芝士汉堡,那该怎么办呢?

你应当遵守火车上的规定,避免食物气味扩散到车厢、食物的残渣掉到车里,并且要保持干净卫生的车厢环境。不过即便如此,可能你还会有一些疑惑,不知道哪些食物可以吃,哪些不可以吃。接下来我想和你分享一下自己的亲身体会,如果在火车上遇到下面的情况会让我感到非常不开心,你需要特别注意:

- 在车厢里**吃**生萝卜、水萝卜或者花椰菜
- 吃羊角面包时面包屑**沾在**脸上
- 已经喝完了酸奶,但仍然用勺子**刮擦**酸奶盒发出声响
- 喝热咖啡时发出"**呼呼**"的响声
- 吃散发着**刺鼻气味**的米糕

> 如果你**不想**在火车上打扰到别人，最好的**解决方案**就是**尽量不要在车上吃喝**。*

---

* 西伯利亚铁路是一个典型的例外。如果你乘坐这列火车，需要在车上待很长的时间（具体的时长你可以去网上查一查有关这列火车的信息），因此不得不在车上吃东西。

第十三章的补充
比比谁更惨（之二）

在公共交通工具上的礼仪规定对每一个小朋友来说都是挑战（有时甚至对大人也是如此），这也是对我们学习礼仪规定的最佳检验场所。几十条复杂的规矩，一不小心就会违反。尽管我知道这很难，而且你已经在非常努力地去尝试了，但你一定要做好！

好消息是，对其他国家的小朋友而言，他们面临的情况可能会更糟糕。我现在就给你举三个例子：

1. 英国人的排队规矩。
2. 西班牙人的"等着看"模式。
3. 亚洲一些国家的公共交通。

1. 英国人的排队规矩

英国人很喜欢排队做事,无论做什么事情,他们都想在周边找个队伍去排一排。如果周围没有人,英国人会非常绝望。如果你问一个英国人的爱好是什么,十有八九会回答"排队"。

有的英国人甚至会加入一个所谓的"排队俱乐部"。在那里,他们每周可以享受一个小时的排队时间,完成了每周的"排队"任务才会心满意足地回家。尽管他们这样做很疲惫,但却感到非常满足。

请注意！

排队的意识不是**天生就有**的，而是需要**后天培养**。曾经有人告诉我，英国的小朋友们专门有一门关于排队的课程，为此还要写作业和考试。不管怎样，当他们完成学业后，在排队这方面都会做得很好（无论他们是在什么地方或者用什么方法学习的排队规矩）。更有趣的是，他们通过学习都喜欢上了排队。

但是，事实并非总是这样美好。如果你有一个英国母亲，当碰到下面的情况时，我们完全可以想象一下孩子们糟糕的心情：

第一，她**总是**非常有耐心，无论在哪里都要排队做事情。

第二，当其他的队伍可能排得更快一些的时候，她**永远不会**考虑换队。

第三，她**永远不会**偷偷钻到前面去插队。

第四，她**从来没有表现**出着急或者被人冒犯的情绪。

最后，她希望**你**将来也要和她**一样**！

2. 西班牙人的"等着看"模式

英国人有多爱排队，西班牙人就有多讨厌排队。在西班牙，你很少能看到有人排成队列做事情。无论是在乘坐公共交通工具还是在其他什么场合,他们都不愿意排队。在西班牙,大家都是聚在一起等待做一件事情,看起来像是一些难以管理的人群。不管你是否愿意相信,这种场景会让你感到头大。因为你没法知道谁是先来的,谁是后来的,什么时候轮到你。

不过,虽然西班牙这套"等着看"模式看起来混乱不堪,但却有着一套特殊的秩序。如果你不是西班牙人,根本不会了解其中的规则。你一定要感谢我将这些秘密分享给你,这会帮助你在西班牙等候办事的时候少一些怨气和愤怒。

他们的规则是这样的:如果你到了一个地方等候办事,可以简单地问一下:"谁是最后一个到的?"那个最后到的人会说:"我是!"那问题就解决了。你只需要在他后面等待就可以。

不过，西班牙人或许可以考虑一下购买叫号机，发放排队号码。这样对外国人而言可能会更方便一些。

3. 亚洲一些国家的公共交通

如果你觉得我们国家的公共交通非常混乱，那我建议你怀着好奇的心去网上搜一搜其他国家的公共交通情况。你在搜索页面输入"公共交通"或者"地铁"，在后面加上一个亚洲国家的名字（选择搜索"图片"），你就能很快了解亚洲国家公共交通的情况。

在日本的火车、地铁或者公交车上，你会看到一些做着特殊职业的人，他们被称作"填缝人"。他们的职责是尽可能地将乘客往车厢里面塞，直到所有人都能上车为止。对于乘客来说，这种体验肯定毫无乐趣可言，但对**孩子们**而言可能却一点儿都不枯燥。你知道，和大人们比起来，你的个子不算高，站直的话很有可能只到爸爸的肚皮位置。这时，你可以用头紧紧地抵住他那柔软舒适的肚子。

不过，如果在你身边站着的不是你的爸爸，你还会感到很开心吗？

还有，如果你旁边站着的不是一个人，而是十个人，你还会这样想吗？

第十四章
不可忽视的礼仪规则

最后，我们来聊一聊在任何地方都不能忽视的礼仪规则。为什么必须要遵守这些规则，我没法给你一个特别清晰的理由。但是这些都是很久之前**人与人**交往中形成的**惯例**，**人们**都很自觉地遵守这些规则。

其中一条规则就是：

在和别人碰杯的时候，眼睛要盯着对方。

实际上，做到这一点并不容易，因为你在盯着对方的时候不能让东西从杯子里溅出来，也不能用力过猛，把杯子碰碎。这样看来，在碰杯的时候与其看着对方的眼睛，不如盯着杯子。不过，尽管这样做看起来很保险，但在礼仪规则中，显得非常没有礼貌。

有些人想用 **冒犯**

来解释这一规则,但是我觉得这完全说不通,在此就不作解释了。如果你有类似的疑问,可以去问问父母,因为一本书不可能完全代替父母对你的教育。

人和人打招呼的时候，还有许多看起来毫无逻辑的规则。在一些国家，人们用亲吻打招呼，有时候亲一口，有时候亲两口，有时候亲三口；而在另外一些国家，人们不会亲吻，而是选择用握手的方式打招呼；还有一些国家，人们见面的时候会拥抱或者鞠躬。

说实话，很难解释为什么在不同的国家有着不同的礼仪规则。每个地方打招呼的方式都不太一样，而且没有一个地方对这些规则有完整的记录。对你来说，最关键的是要做到入乡随俗：先看看别人是怎么做的，然后跟着别人的方式去模仿，不要有太多疑问。所以，这一章的标题叫"毫无道理的礼仪规定"应该会更好一些，你说呢？

好了，关于这些内容，我们就说到这里吧。

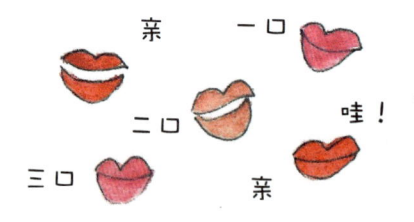

第十五章

你需要从这本书中记住的知识

你需要从这本书中记住哪些知识呢?这实在是一个很难回答的问题。依我来看,你可以参考下面列出的几个标准来学习:

—我的行为会让别人**不高兴**吗?

→ 那我就**不做**这些事情。

—我的行为会让别人**高兴**吗?

→ 那我就**做**这些事情。

—如果别人有这种行为我会不会感到**反感**?

→ 那我就不**做**这些事情。

—如果别人有这种行为我会不会感到**舒服**?

→ 那我就**做**这些事情。

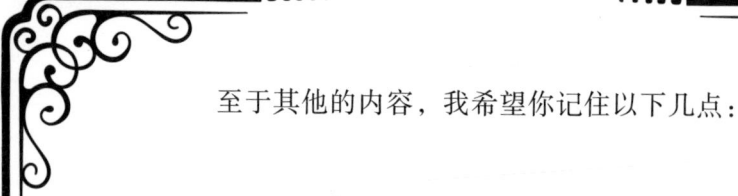

至于其他的内容,我希望你记住以下几点:

大人们知道该如何去做。
那就模仿他们。

意大利人的发音很好听。
那就向他们学习。

张嘴是银,沉默是金。
偶尔要保持沉默。

无论你做得多好,总会有新的规则出现。
根据规则做事情。

参与赌博,输多赢少。
永远不要去赌博。

过分礼貌胜过一点儿都不礼貌。
尽可能地对他人礼貌。

在大人们面前过分表现的礼貌会让他们感到困惑。
不要礼貌得太夸张。

第十五章补充
比比谁更惨(之三)

你可能常常从大人或者老人那里听说,以前的日子特别好。他们说的东西没错:以前的音乐更优美,房子更漂亮,衣服更优雅,食物更新鲜,孩子更懂礼貌。

不过也有说得不对的地方。在过去,你没法上网下载你喜欢的音乐,你在漂亮的房子里几乎没有什么可以玩的地方,你穿上优雅的衣服几乎无法呼吸,你在大街上也找不到一家麦当劳。更要命的是,你从很小的时候,就要做一个非常懂礼貌的孩子。请记住,我说的是"非常"懂礼貌。那种现在看起来极为特别的礼貌程度在当时是非常普遍的。

如果你生活在过去,想要找一本和**《给孩子的礼仪书》**类似的教材,你可以去看一部名为《音乐之声》的电影。你知道这部电影吗?这部电影很有趣,里面有优美的音乐、漂亮的房子、优雅的装扮、新鲜的食物,还有**超级懂礼貌的孩子**。

看完之后请想象一下，假如你是生活在电影所描述的那个时代的一个小孩，会是一种什么样的感觉呢？

在那样一个时代：

❖

你几乎不能**问问题**。

（甚至用礼貌的方式提问也不行）

❖

你要永远穿着**优雅**的衣服。

❖

你几乎在任何场合

都不能表达自己的**意见**。

❖

你不能把自己**弄脏**。

❖

你永远不能提**反对**意见。

❖

你和父母讲话时必须尊称他们"**您**"。

❖

你和大人们打招呼时

必须**鞠躬**。

❖

你永远不能**大喊大叫**。

❖

你吃饭的时候要坐得特别**直**，比现在大人们要求你的**更直**。

等等

等等

等等

等等

等等

等等

等等

我讲这些事情主要是想告诉你：和他们比起来，你现在的情况并不是很糟糕。

难道不是吗？